o mundo das Histórias

Ficha técnica

Título: A gata Tareca e outros poemas levados da breca

Autora: Luísa Ducla Soares

Ilustração: Fedra Santos

Design da capa: Margarida Sarabando

Editora: Porto Editora

Este livro respeita as regras do
Acordo Ortográfico da Língua Portuguesa.

OUT/2013

Execução gráfica **Bloco Gráfico, Lda.**

DEP. LEGAL 364443/13   ISBN 978-972-0-72445-8

A gata Tareca
e outros poemas levados da breca

Luísa Ducla Soares

Ilustração **Fedra Santos**

Porto Editora

Romance da gata Tareca

Estava a gatinha Tareca
à sua porta sentada,
afiando as finas unhas
no veludo da almofada,

com seu guiso de ouro fino
e sua fita encarnada,
quando a notícia lhe deram
que havia de ser casada

com o bravo gato Tigre,
filho do gato malhado.
Logo a gatinha, contente,
foi festejar para o telhado.

Sete gatos convidou
para tocarem tambor,
mais sete gatas cantoras,
miando canções de amor.

Dez dúzias de ratazanas
encomendou para o jantar
e uma travessa de espinhas
para todos contentar.

Foi o bravo gato Tigre
ter com a noiva ao telhado;
ao bater da meia-noite
deu-lhe o anel de noivado.

Era tudo uma alegria.
Mas, por não ser convidada,
resolveu tirar vingança
a velha pulga malvada.

Como uma agulha espetava,
picava como um ferrão.
Para se coçar rebolava
o gato, com comichão.

Caiu do telhado à rua
e não mais se levantou.
Ai, o bravo gato Tigre,
que já a morte o levou.

Sete gatos com tambores,
sete gatas com miados
choraram mais a Tareca
os seus amores desgraçados.

Mas como o gato era rico
e fizera testamento,
logo ali o foram ler
naquele triste momento.

"À linda gata Tareca
deixo o meu prato e tijela
mais um tapete de sala
feito de pele de cadela.

À dona que me criou
deixo um pardal depenado,
as penas que lhe tirei,
a um careca, coitado.

Dois carapaus que roubei
ofereço à minha mamã.
Dou aos meninos da escola
a minha bola de lã.

Para ver o que se passa,
mesmo depois de acabado,
com a cabeça de fora
eu quero ser enterrado."

Cavavam-lhe a sepultura
num campo de margaridas
quando ele miou três vezes.
Um gato tem sete vidas!

Num pulo se pôs de pé,
num salto foi para o telhado,
com a gatinha Tareca casou,
ficou bem casado.

Hoje a gatinha Tareca,
à sua porta sentada,
brinca com sete gatinhos,
todos da mesma ninhada.

Se

Se as casas tivessem asas
se as asas varressem o mar
se o mar coubesse no copo
se o copo jogasse à bola
se a bola se fizesse sol
se o sol fosse à escola
se a escola se escondesse de segunda a sexta-feira
se a sexta-feira se vestisse de encarnado
se o encarnado pintasse a chuva
se a chuva abrisse a porta
se a porta caminhasse pela rua
de braço dado com a lua
se a lua saltasse para a minha mão
e eu a comesse dentro do pão!

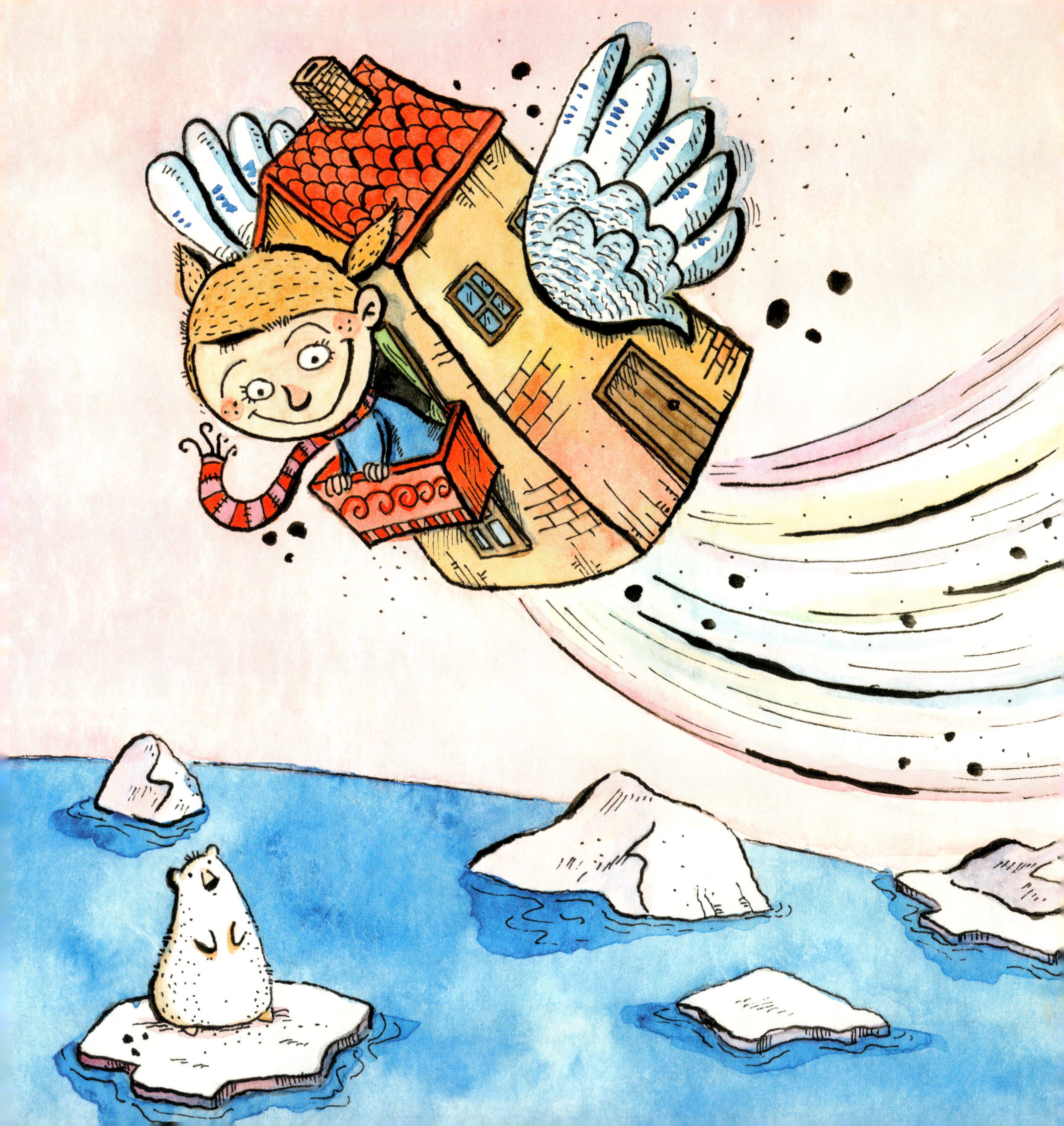

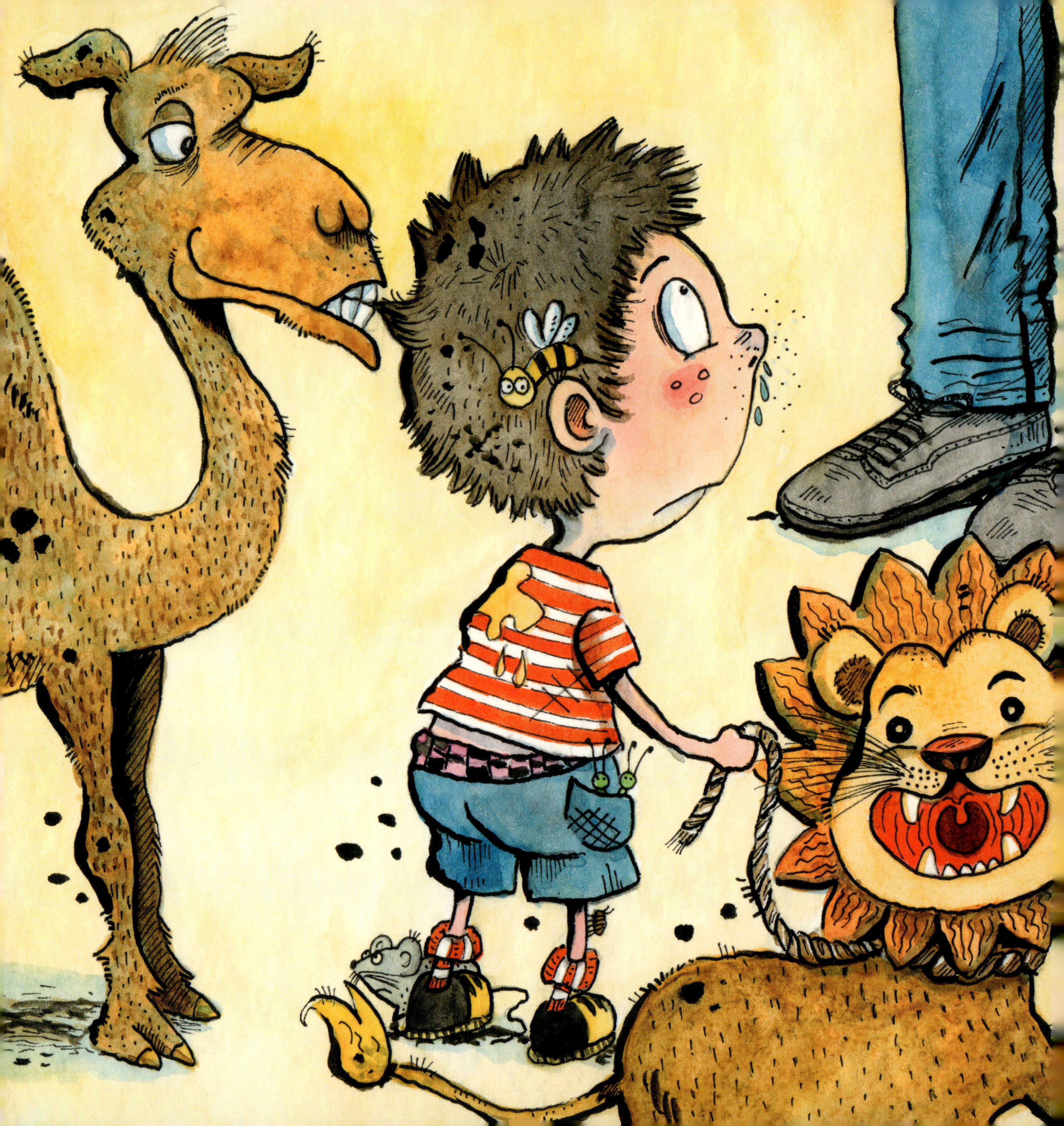

Televisão ou não

– Desliga a televisão! – disse o pai.
– Vai lá para fora e vive a vida.

Fui e à noite vim
com uma abelha na orelha
um rato no sapato
cola na camisola
giz no nariz
gafanhotos nos bolsos rotos
um escaravelho no joelho
uma formiga na barriga
um leão pela mão
e atrás um camelo a puxar-me o cabelo.

– Não vás mais lá para fora! – disse o pai.
– Liga a televisão.

Três tristes tigres

Estavam três tigres na neve
quando apareceu um cossaco.
Um tigre levou um tiro,
transformou-se num casaco.

Estavam dois tigres na selva,
apareceu um malandrete.
Um tigre levou um tiro,
transformou-se num tapete.

Estava um tigre à beira-mar,
lá lhe apareceu um soldado.
O tigre levou um tiro,
transformou-se num guisado.

Três tristes tigres,
todos de tripas ao ar.
Três tristes tigres,
não há mais para contar.

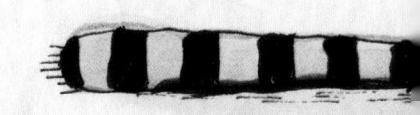

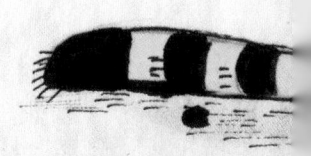

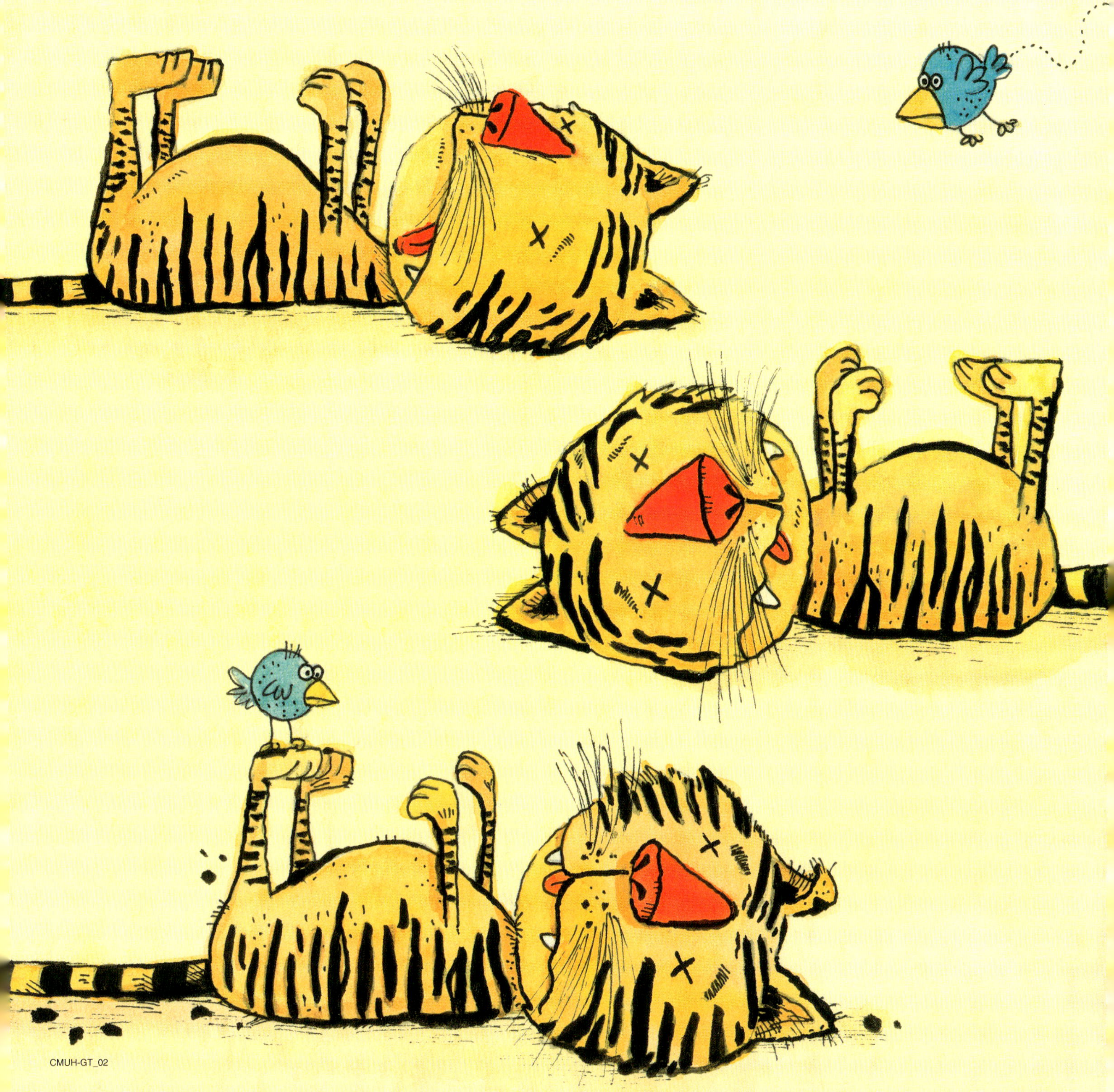

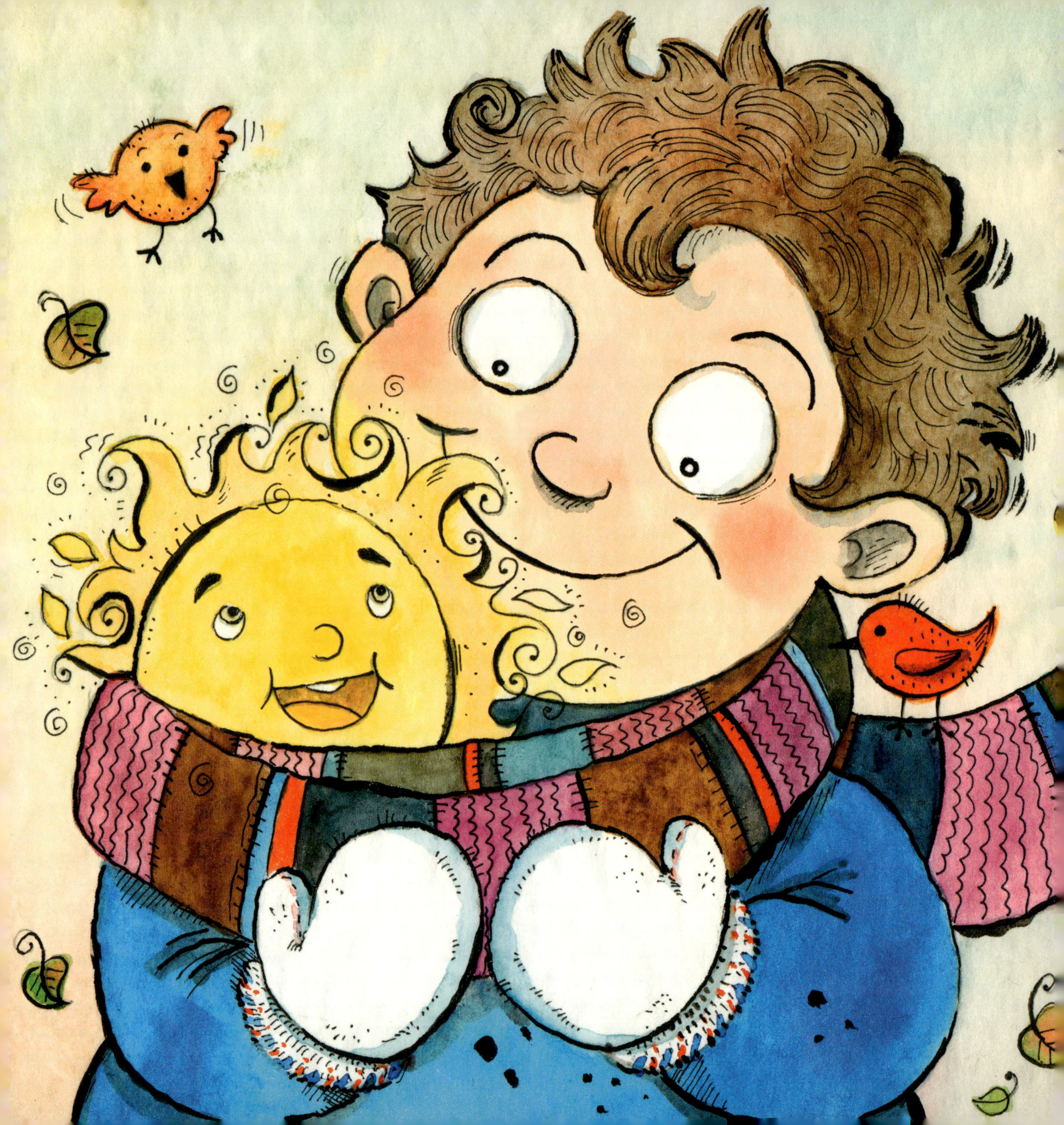

O impossível

Apanhar no céu faíscas
para fritar umas iscas

pegar no cheiro do prado
e pintá-lo de encarnado

meter o calor do sol
dentro do meu cachecol

plantar um pomar de rãs
em vez deste de maçãs

morar com uma sereia
num castelinho de areia

com uma toalha de água
secar toda a minha mágoa

fazer da gente crescida
uma gente divertida.

Pastor, pastorzinho

Pastor, pastorzinho,
que viste ali?
Vi uma oliveira
a fazer chichi.

Pastor, pastorzinho,
que viste além?
Um boi a comer
pastéis de Belém.

Pastor, pastorzinho,
que viste acolá?
Vi uma montanha
a beber o seu chá.

Pastor, pastorzinho,
que viste na aldeia?
Vi um autocarro
a pedir boleia.

Pastor, pastorzinho,
que viste no rio?
Um peixe com botas
por causa do frio.

Pastor, pastorzinho,
que viste no mato?
Um velho a galope
às costas de um rato.

Pastor, pastorzinho,
que viste na serra?
Vi duas maçãs
a jogar à guerra.

Pastor, pastorzinho,
que vês tu aqui?
Um burro que fala,
pois vejo-te a ti.

Ordem — Desordem

Come um prato
de arroz de pato
bebe o sumo
não faças fumo
lava os dentes
usa os pentes
vai estudar
aprende a nadar
faz a cama
limpa a lama
apaga a luz
põe o capuz
faz tudo a correr
mas não vás correr
não gastes as solas
não jogues com bolas.

Ora bolas
    bolas
    bolas!

Já comi um prato
e deixei o pato
e não fiz o sumo
porque bebi fumo
já lavei os pentes
penteei os dentes
estudei o mar
na sala a nadar
já sujei a cama
com os pés de lama
e pus o capuz
por cima da luz
e fui a correr
ao sapateiro ver
se mudava as solas
e furei as bolas.

Ora bolas
    bolas
    bolas!

Formigas

Uma formiga de gravata
a matar uma barata.

Uma formiga ao balcão
a vender bolos e pão.

Uma formiga de bicicleta
a pedalar para ser atleta.

Uma formiga a jogar xadrez
com um marinheiro inglês.

Uma formiga fotografando
o rei a fazer contrabando.

Uma formiga de altifalante
a namorar com um elefante.

Uma formiga de bigode
a gritar "Ai, quem me acode!".

Uma formiga de caracóis
na cozinha, a fritar rissóis.

Uma formiga a dar um estalo
num polícia a cavalo.

Uma formiga toda nua
a dançar no meio da rua.

Uma formiga cirurgião
a transplantar um coração.

Uma formiga muito sabida
a inventar o inseticida.

Abecedário sem juízo

A é a Ana, a cavalo numa cana.

B é o Berto, quer armar em esperto.

C é a Cristina, nada fora da piscina.

D é o Diogo, com chichi apaga o fogo.

E é a Eva, olha o rabo que ela leva.

F é o Francisco, come as conchas do marisco.

G é a Graça, ai, mordeu-lhe uma carraça!

H é o Henrique, que se julga muito chique.

I é o Ivo, põe na mosca um curativo.

J é o Jacinto, faz corridas com um pinto.

L é o Luís, tem macacos no nariz.

M é a Maria, que caiu dentro da pia.

N é o Napoleão, dorme dentro do colchão.

O é a Olga, todos os dias tem folga.

P é a Paula, entra de burro na aula.

Q é o Quintino, que na missa faz o pino.

R é o Raul, a beber a tinta azul.

S é a Sofia, engasgada com uma enguia.

T é a Teresa, come debaixo da mesa.

U é o Urbano, que caiu dentro do cano.

V é a Vera, com as unhas de pantera.

X é a Xana, caçando uma ratazana.

Z é o Zé, foi ao mar, perdeu o pé.

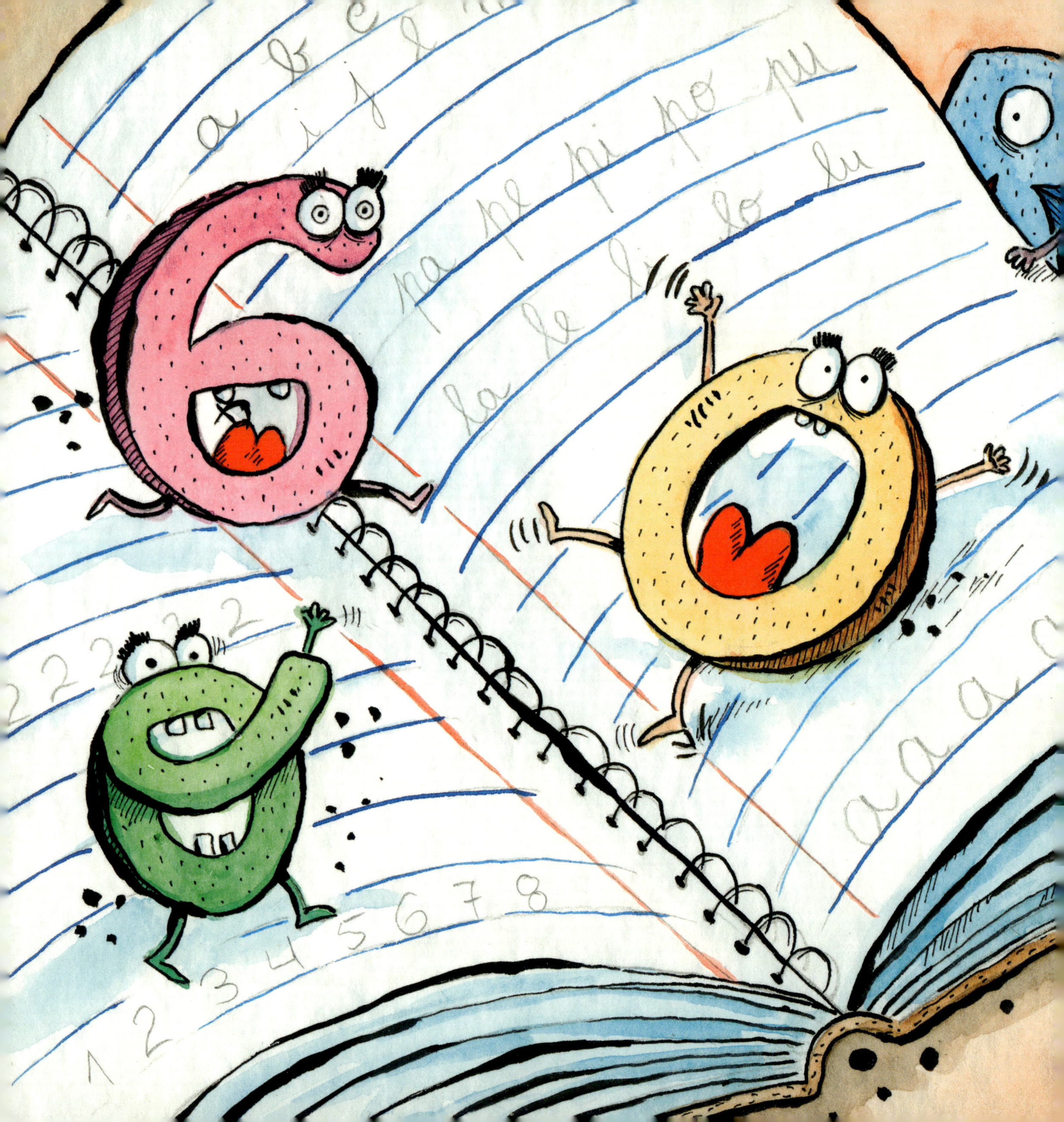
pa pe pi po pu
1 2 3 4 5 6 7 8

Trocas

O zero saiu da tabuada,
o ó saiu do alfabeto,
começaram a brincar
dentro dum caderno aberto.

O zero entrou no alfabeto,
o ó entrou na tabuada.
Até hoje
ainda ninguém deu por nada.

Voar

Meu avô
    voou
        num balão.

Meu pai
    vai
        de avião.

Meus irmãos
   irão
num foguetão.

Eu
   só se voar
   em pensamento
   mais depressa
      que um balão
      que um avião
      que um foguetão
porque não tenho um tostão.

Vamos contar

Um — O ladrão disparou: pum!

dois — roubou o cofre e depois

três — foi assaltar outra vez

quatro — uma artista de teatro

cinco — mas só lhe roubou um brinco

seis — porque veio o Sr. Reis

sete — empunhando um canivete

oito — o ladrão deu-lhe um biscoito

nove — dizendo "por favor prove"

dez — e fugiu a sete pés.

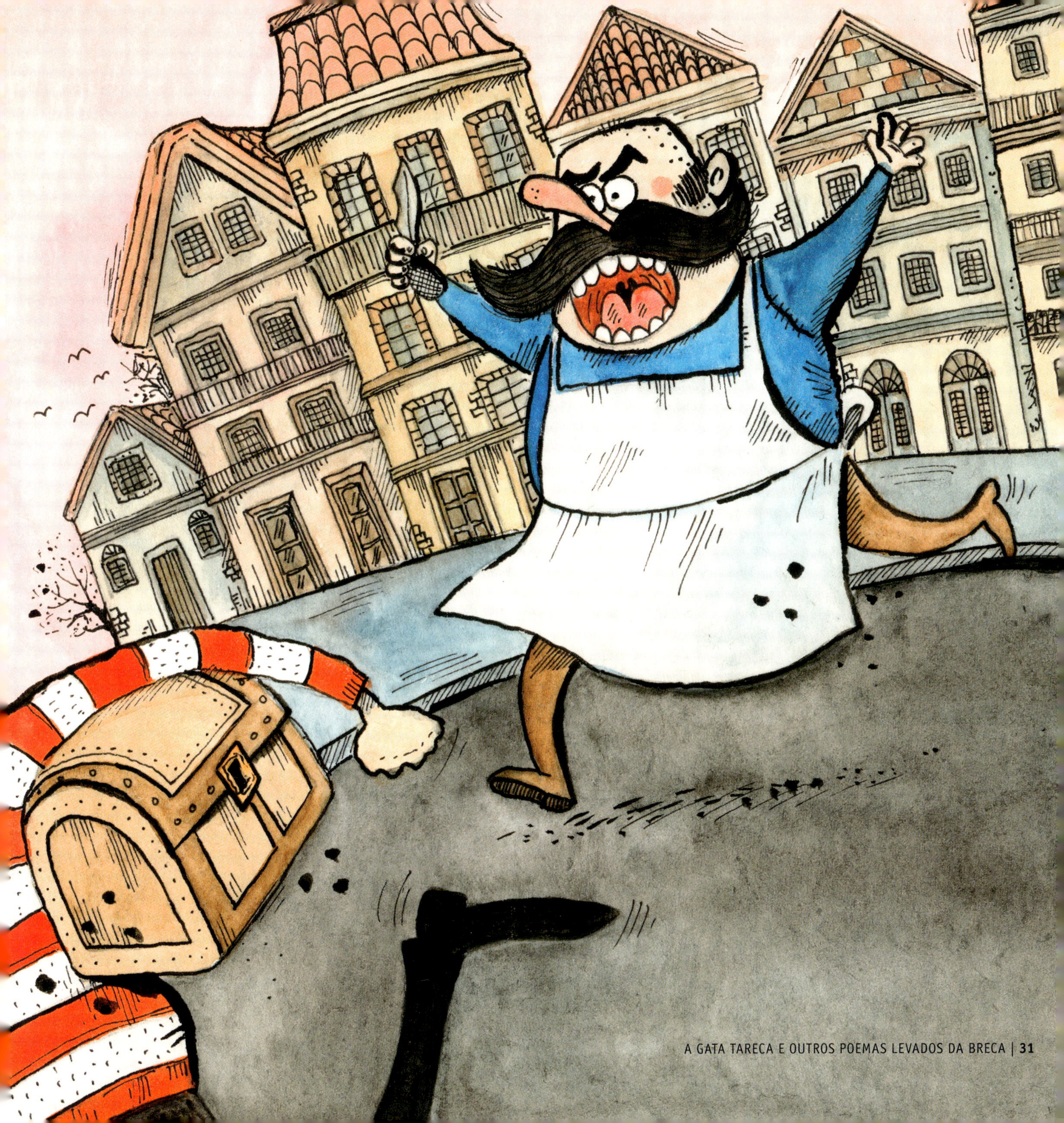

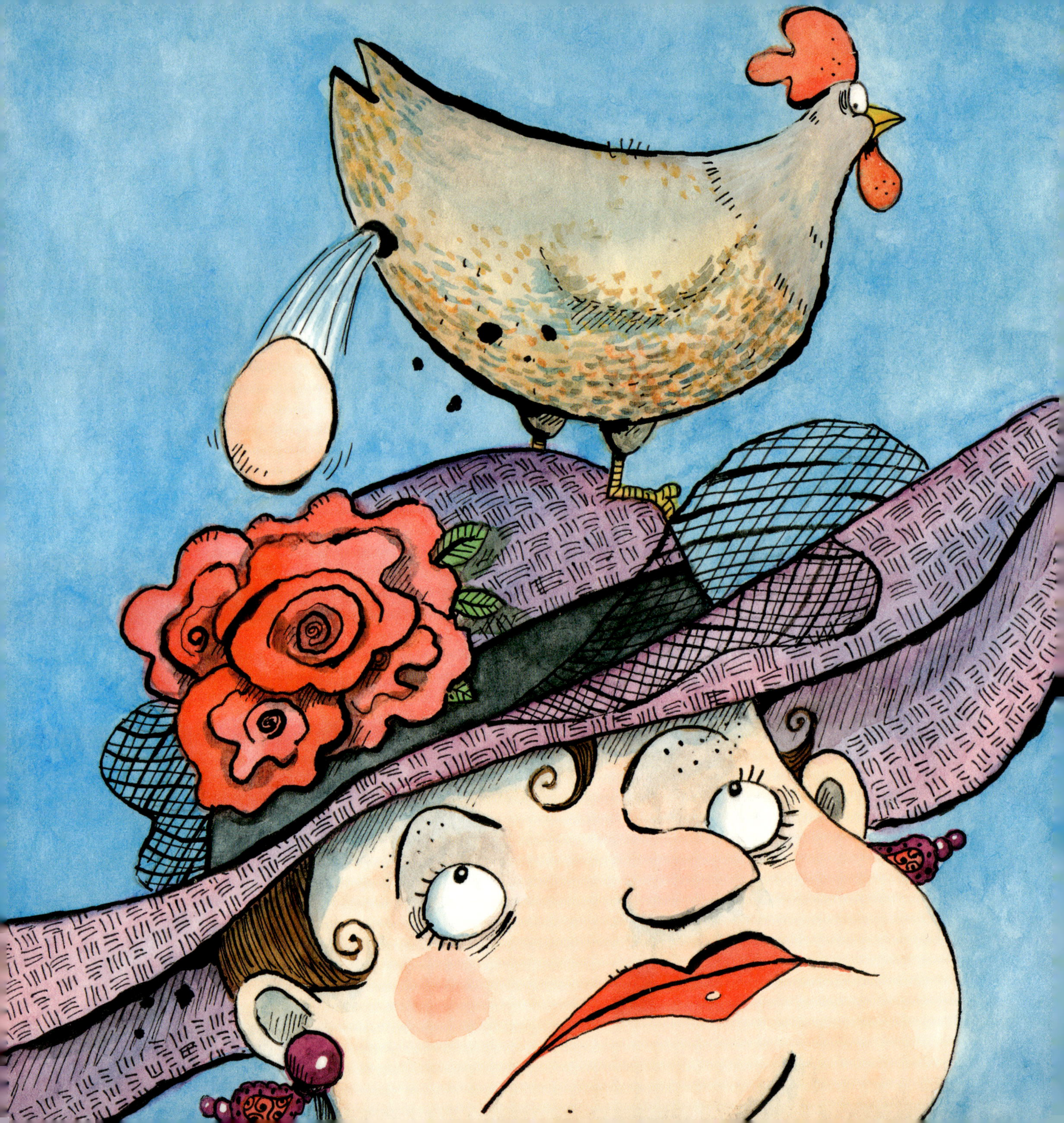

Os ovos

Uma galinha
pôs o ovo
na palhinha.

Outra galinha
pôs o ovo
na vinha.

Outra galinha
pôs o ovo
no chapéu da vizinha.

Onde estão os ovos,
quem é que adivinha?

Comi-os eu todos
ali na cozinha.

Para ti

Escrevi o teu nome
num cubo de gelo.
Bastou vir o sol
para derretê-lo.

Desenhei-te a cara
na areia molhada.
Passou uma onda,
já não resta nada.

Gravei-te um poema
no grande pinheiro.
Pegaram-lhe fogo,
ardeu num braseiro.

Guardei-te bem dentro
do meu coração.
Roubaram-me tudo,
a ti é que não.

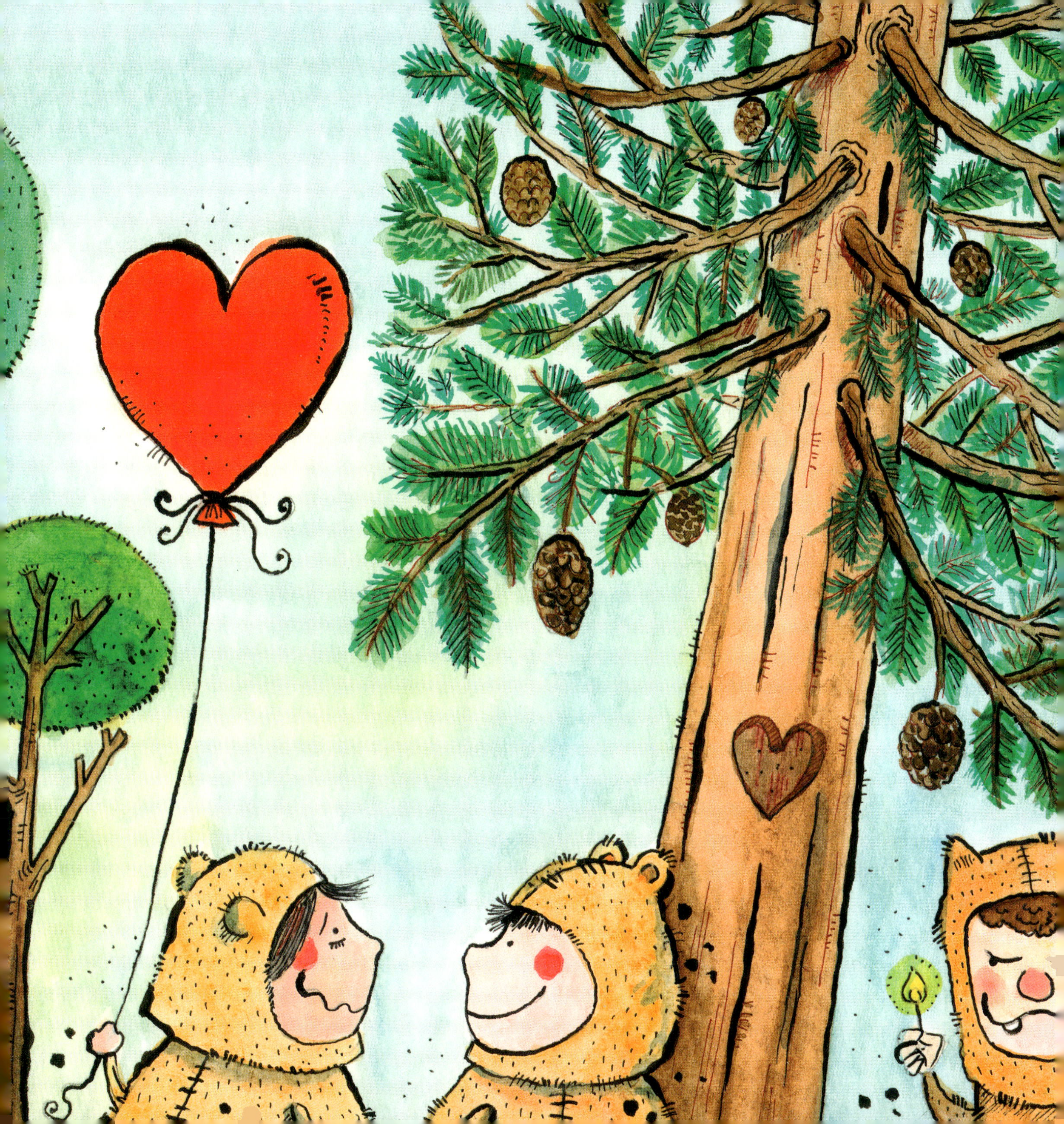

Encontro

Marquei encontro
com o sol
esta manhã.
Em vez do sol
veio a nuvem
com seus pezinhos de lã.

Pôs-se a chorar à janela
para eu a deixar entrar,
de lágrimas fez um rio
que vai na rua a passar.

Marquei encontro
com o sol
esta manhã.
Em vez do sol
veio o vento
e pôs tudo em movimento.

Varreu as folhas do chão,
varreu a nuvem do ar.
Entrou-me pela janela
um raio de sol a brilhar.

Marquei encontro
com o sol
esta manhã.
Não vou faltar ao encontro.
Até amanhã.

Perguntas dos pés à cabeça

A planta do pé dá flores?

A barriga da perna pode ter apendicite?

As cabeças dos dedos pensam?

As maçãs do rosto devem proteger-se com inseticida?

As meninas dos olhos com que idade se tornam senhoras?

As asas do nariz voam?

O céu da boca tem estrelas?

As raízes dos cabelos devem ser regadas de manhã ou à noite?

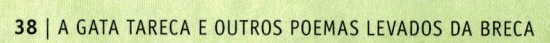

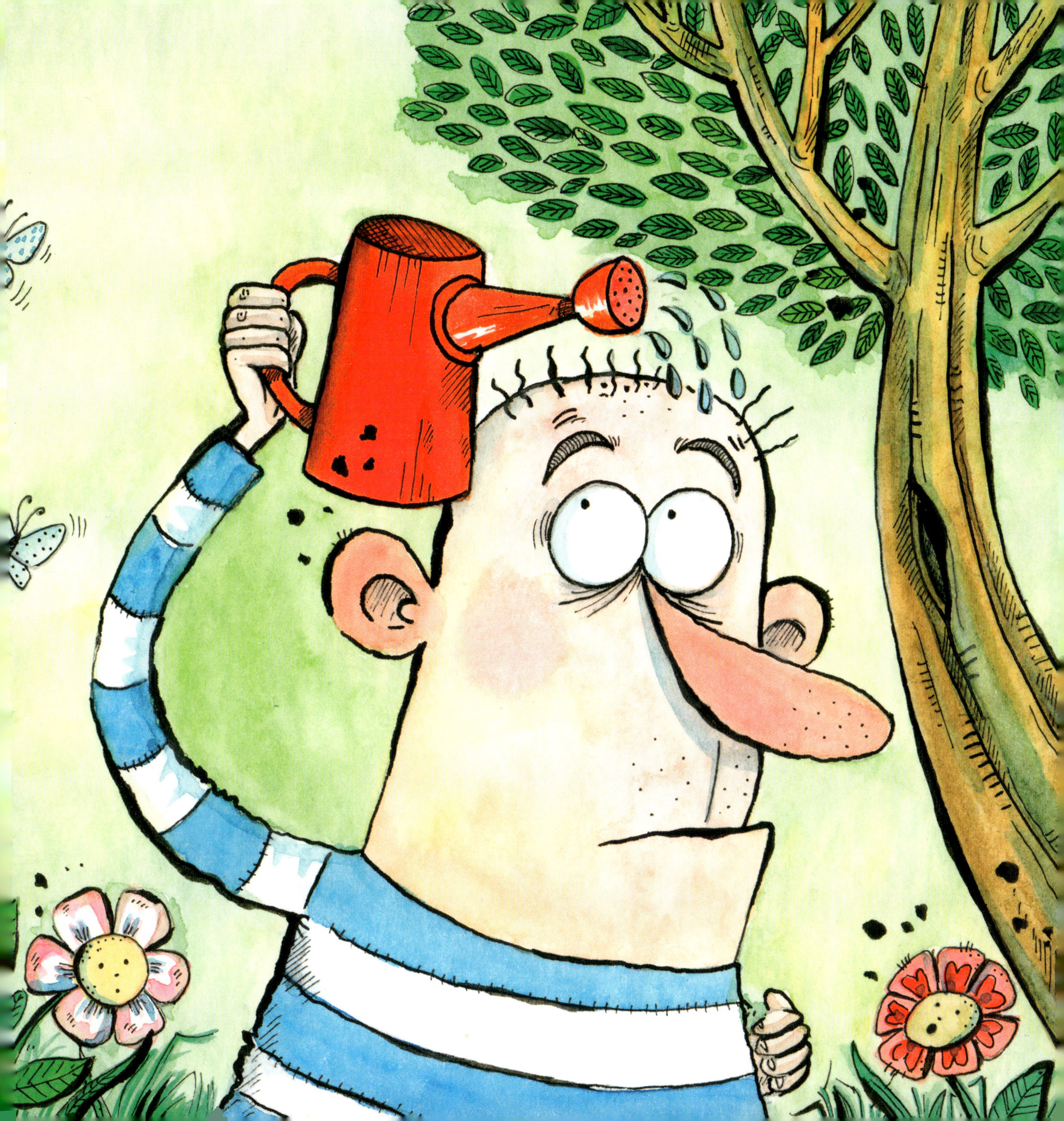

Os números do menino mau

Tenho uma pombinha
e você tem duas.
Não coma, menino,
mais batatas cruas.

Tenho uma pombinha
e você tem três.
Não salte os degraus
todos duma vez.

Tenho uma pombinha
e você tem quatro.
Não vista o meu fato
para fazer teatro.

Tenho uma pombinha
e você tem cinco.
Com meninos maus
não pense que eu brinco.

Tenho uma pombinha
e você tem seis.
Não queime o dinheiro
com os outros papéis.

Tenho uma pombinha
e você tem sete.
Não esconda as bonecas
dentro da retrete.

Tenho uma pombinha
e você tem oito.
Não ponha pimenta
cá no meu biscoito.

Tenho uma pombinha
e você tem nove.
Não me regue a sala
a fingir que chove.

Tenho uma pombinha
e você tem dez.
Não se abre a porta
dando pontapés.

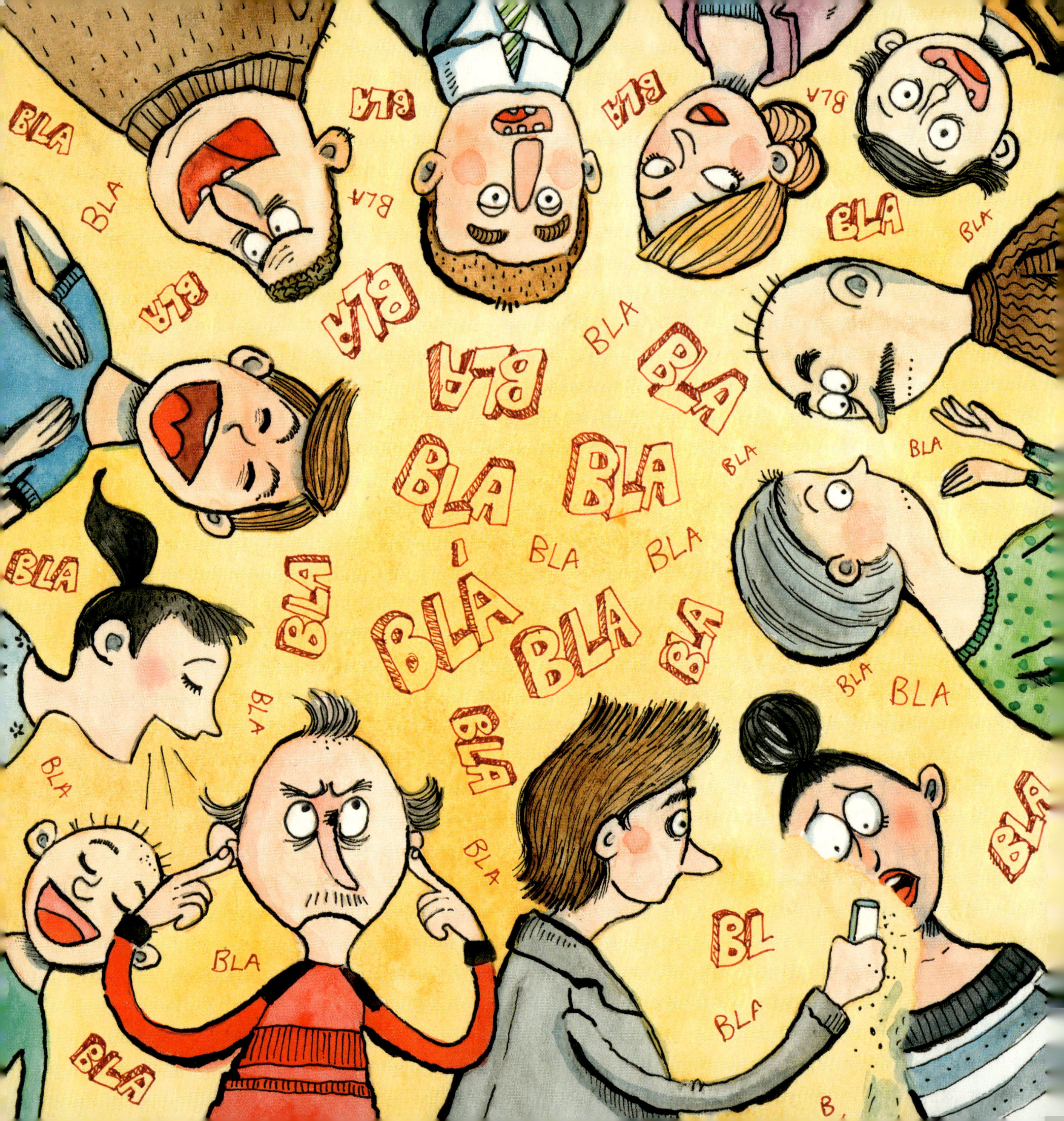
BLA BLA
BLA BLA
BLA BLA
BLA
BLA
BLA
BL
BLA

Barulho

Está tanto barulho,
o amigo não acha?
Vou já apagá-lo
com uma borracha.

Quadras tontas

Juntei as contas das lojas
para fazer um colar.
As minhas notas de conto
são só contos de encantar.

Para poupar gasolina
já troquei com as vizinhas
o carro a motor que eu tinha
por um carrinho de linhas.

Quando for à discoteca
compro um disco voador
com meninos marcianos
cantando ao som do tambor.

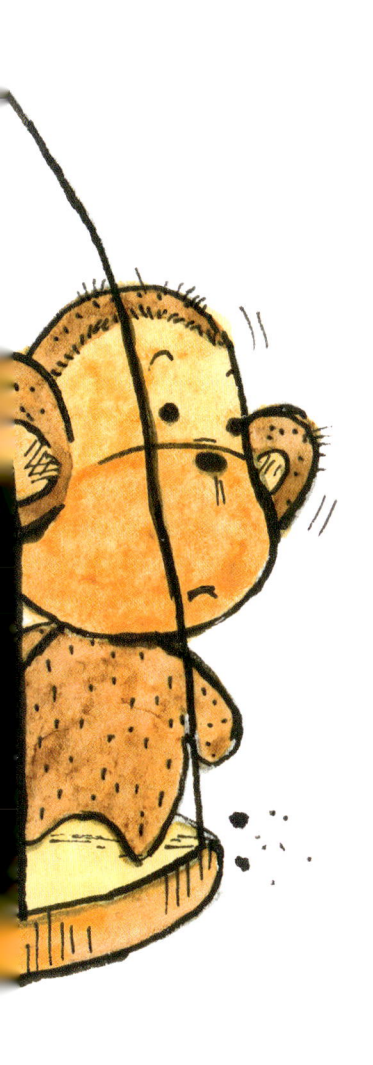

Não deixes ficar no lenço
os macacos do nariz,
faz uma jaula para eles
igual àquela que eu fiz.

Levei na pasta dos dentes
livros e lápis de cores.
Reguei a planta dos pés
para ver se ela dá flores.

Quis casar o meu cavalo,
fui pescar uma cavala.
Mas o bicho foi ingrato
e recusou-se a aceitá-la.

Servem os tempos dos verbos
só para maçar a gente.
Mas há um que eu aprecio:
podes bem dar-me um presente!

Num castelo de Castela

Num castelo de Castela
eram sete os castelões;
armados de sete espadas
pareciam sete leões.

Num castelo de Castela
eram sete as castelãs;
fiavam nas suas rocas
sete cores de sete lãs.

Num castelo de Castela
eram sete as torres de ouro;
na mais alta delas todas
estava preso o rei mouro.

Num castelo de Castela
sete eram as muralhas;
contra as suas pedras negras
sete foram as batalhas.

Num castelo de Castela
mataram os castelões;
sete cabeças rolaram
no lagedo dos salões.

Num castelo de Castela
roubaram as castelãs;
levaram sete meninas,
deixaram ficar as lãs.

Num castelo de Castela
sete torres derrubadas;
na mais alta delas todas
o rei comia torradas.

Num castelo de Castela
o buscaram sete infantes
num carro de sete rodas
puxado por sete elefantes.

Num castelo de Castela
com suas lendas medonhas
fazem hoje sete ninhos
sete casais de cegonhas.

O vento

À roda, à roda, à roda
o vento rodopia,
já levantou a saia
à menina Maria.

À roda, à roda, à roda
o vento assobia,
varreu todas as folhas
que pelo chão havia.

À roda, à roda, à roda
o vento num tropel
arrastou os pardais
para o seu carrossel.

À roda, à roda, à roda
o vento arrebatou
as sementes das plantas,
à terra as atirou.

À roda, à roda, à roda
até que enfim pousou
à espera que nascessem
as flores que semeou.

Chuva

Cai a chuva, ploc, ploc
corre a chuva, ploc, ploc
como um cavalo a galope.

Enche a rua, plás, plás
esconde a lua, plás, plás
e leva as folhas atrás.

Risca os vidros, truz, truz
molha os gatos, truz, truz
e até apaga a luz.

Parte as flores, plim, plim
maça a gente, plim, plim
parece não ter mais fim.

Mas então, plão, plão
é que os peixes vêm ver
que está o mar a crescer
e então, plão, plão
saltam para fora do mar
e pelo ar vão a nadar
plão, plão, plão.

Plantar uma floresta

Quem planta uma floresta
planta uma festa.

Planta a música e os ninhos,
faz saltar os coelhinhos.

Planta o verde vertical,
verte o verde,
vário verde vegetal.

Planta o perfume
das seivas e flores,
solta borboletas de todas as cores.

Planta abelhas, planta pinhões
e os piqueniques das excursões.

Planta a cama mais a mesa.
Planta o calor da lareira acesa.
Planta a folha de papel,
a girafa do carrossel.

Planta barcos para navegar,
e a floresta flutua no mar.
Planta carroças para rodar,
muito a floresta vai transportar.
Planta bancos na avenida,
descansa a floresta de tanta corrida.

Planta um pião
na mão de uma criança:
a floresta ri, rodopia e avança.

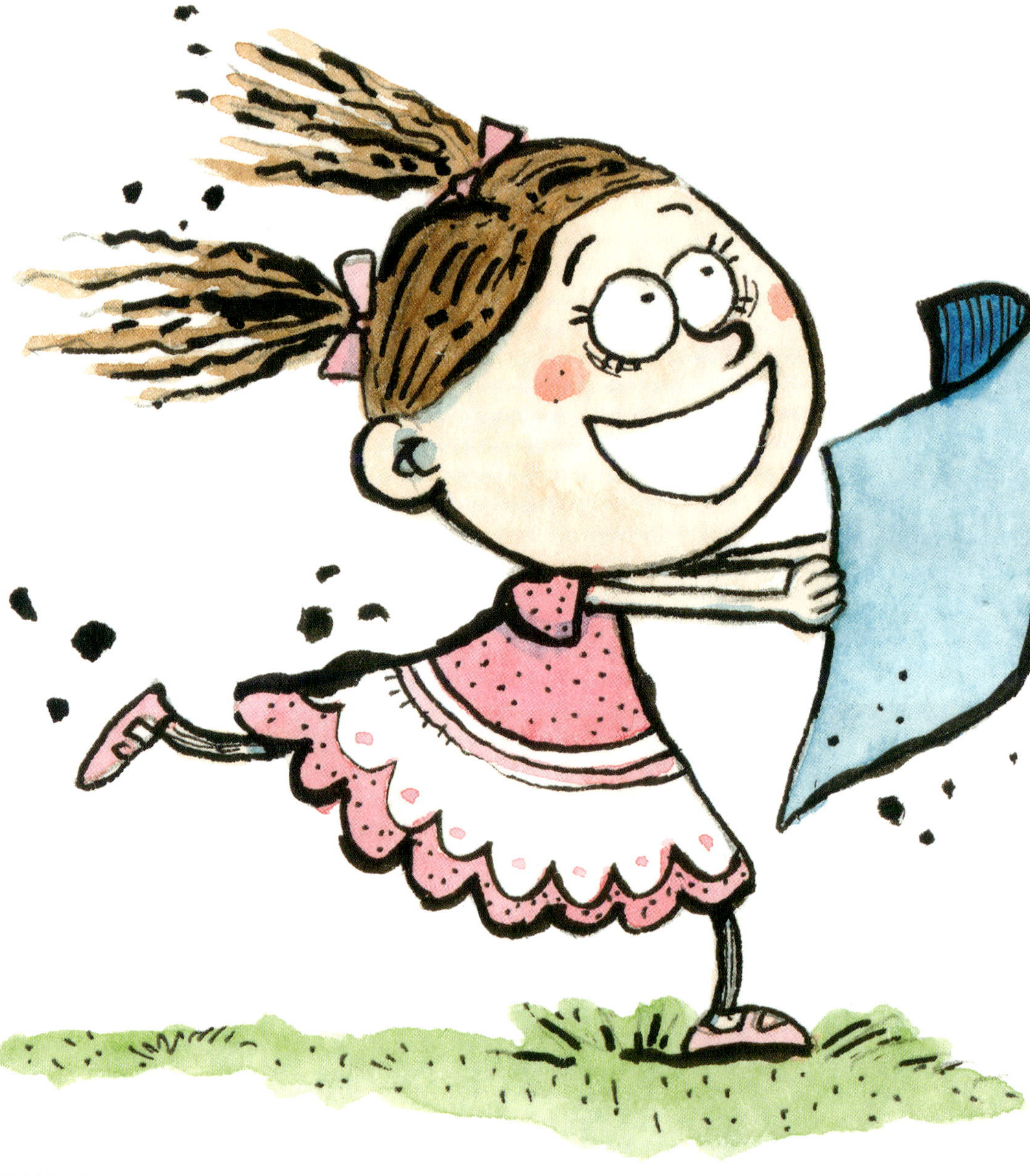

Andorinha

Andorinha de asas pretas
que trazes a primavera,
tens aqui o meu beiral,
na varanda, à tua espera.

Andorinha de asas pretas
que vens de longe, do Sul,
para ti pintei o céu
numa folha, todo azul.

Andorinha de asas pretas,
se o bico quiseres molhar,
tens o laguinho que fiz
com água num alguidar.

Andorinha de asas pretas,
eu guardei-te pão de ló
e *mousse* de chocolate
da que fez a minha avó.

Andorinha de asas pretas,
mas tu voaste no bando.
Quando vens para a minha banda,
andorinha, quando, quando?

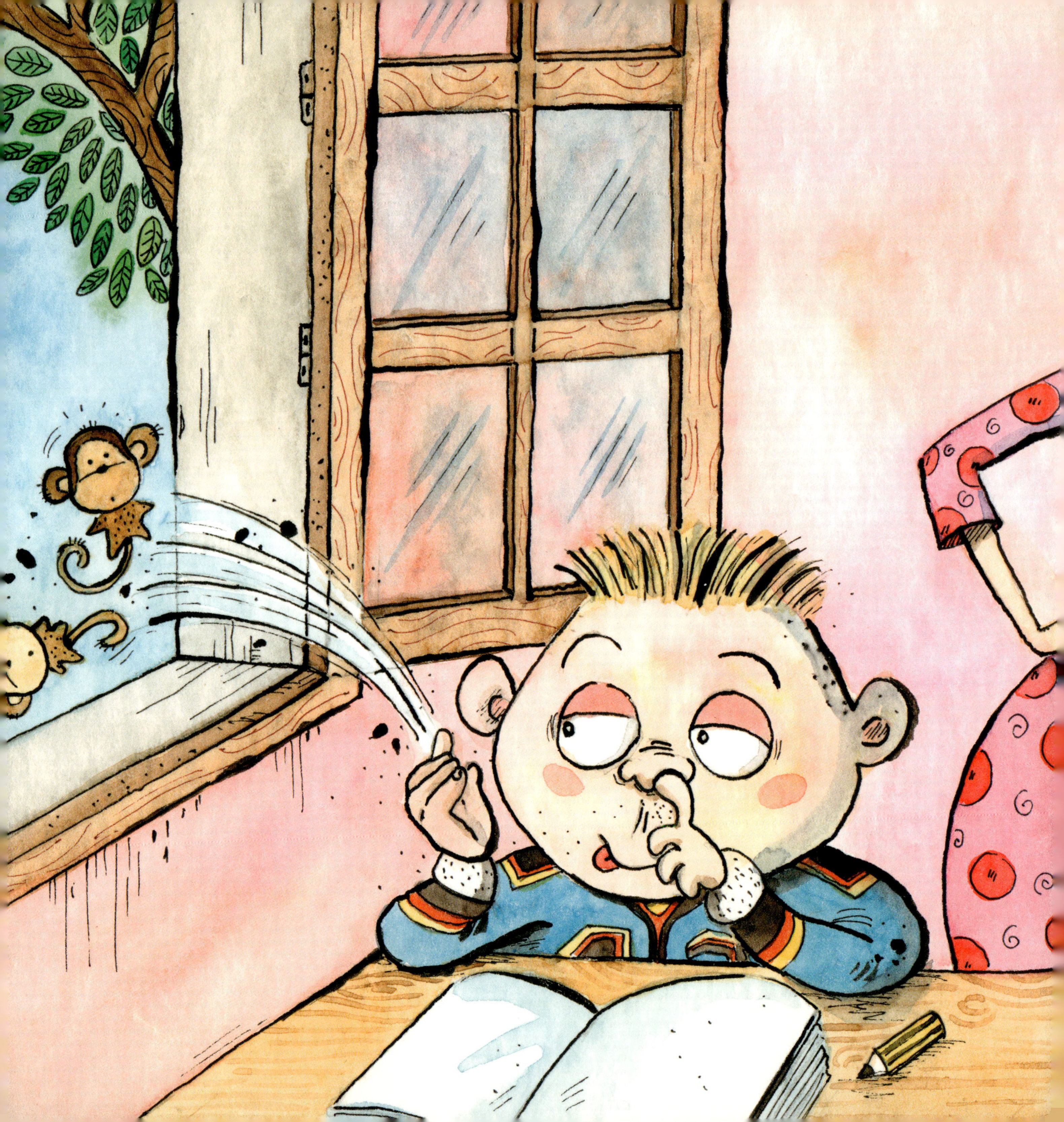

Na aula

Um rapaz tira na aula
dois macacos do nariz.
Atira-os pela janela,
e ri-se, muito feliz.
Dos dedos da professora
até cai o pau de giz:
– Que falta de educação
tem o menino Luís!

Diz o rapaz: – Professora,
ouvi-a hoje dizer
que gatos, cães, outros bichos
nós não podemos trazer!
Como sou bem-educado
e pronto a obedecer,
eu deitei fora os macacos.
Que mais podia fazer?

O bicho-carpinteiro

"Tens o bicho-carpinteiro!"
diz-me sempre a minha mãe
e, desde que vou para a escola,
o meu professor também.

Por onde me entrou o bicho?
Ainda não descobri.
Pelo nariz, pelo rabo
ou será que o engoli?

Será preto, azul, vermelho?
Cor de laranja, lilás?
Nunca vi o malandreco,
só vejo as coisas que faz.

Dá saltos dentro das aulas,
é tão levado da breca
que já rasgou três cadernos,
destruiu uma boneca.

Não posso mais aturá-lo,
eu, que sou um bom menino.
Bem o mando estar quieto
mas ele faz logo o pino.

Vou trocá-lo por um cão,
vendê-lo na Internet,
atirá-lo para a lareira,
deitá-lo numa retrete.

Acabam os meus castigos.
Já poderei ser feliz
sem me cansar a correr
e sem partir o nariz!

O Xá

O Xá não gosta de chá,
bebe na xícara de ouro
um xarope de Xangai
que lhe custou um tesouro.

O Xá tem uma paixão
fixa por uma menina
que só usa xaile roxo
e se chama Maximina.

Deu-lhe joias, elixires,
vestidos e enxoval.
Tudo ela deitou no lixo
e fugiu para o Seixal.

O exército do Xá
executou mil ações
para enxotar um enxame
de mosquitos e zangões.

É o máximo este Xá!
No torneio de xadrez,
exibe sua mestria,
faz xeque-mate outra vez.

Nos exemplos de leitura
com o x fica perplexo.
Enganou-se num discurso,
só disse coisas sem nexo.

– Não passava no exame! –
riu a multidão ali.
E o Xá, todo vexado,
nas calças fez um chichi.

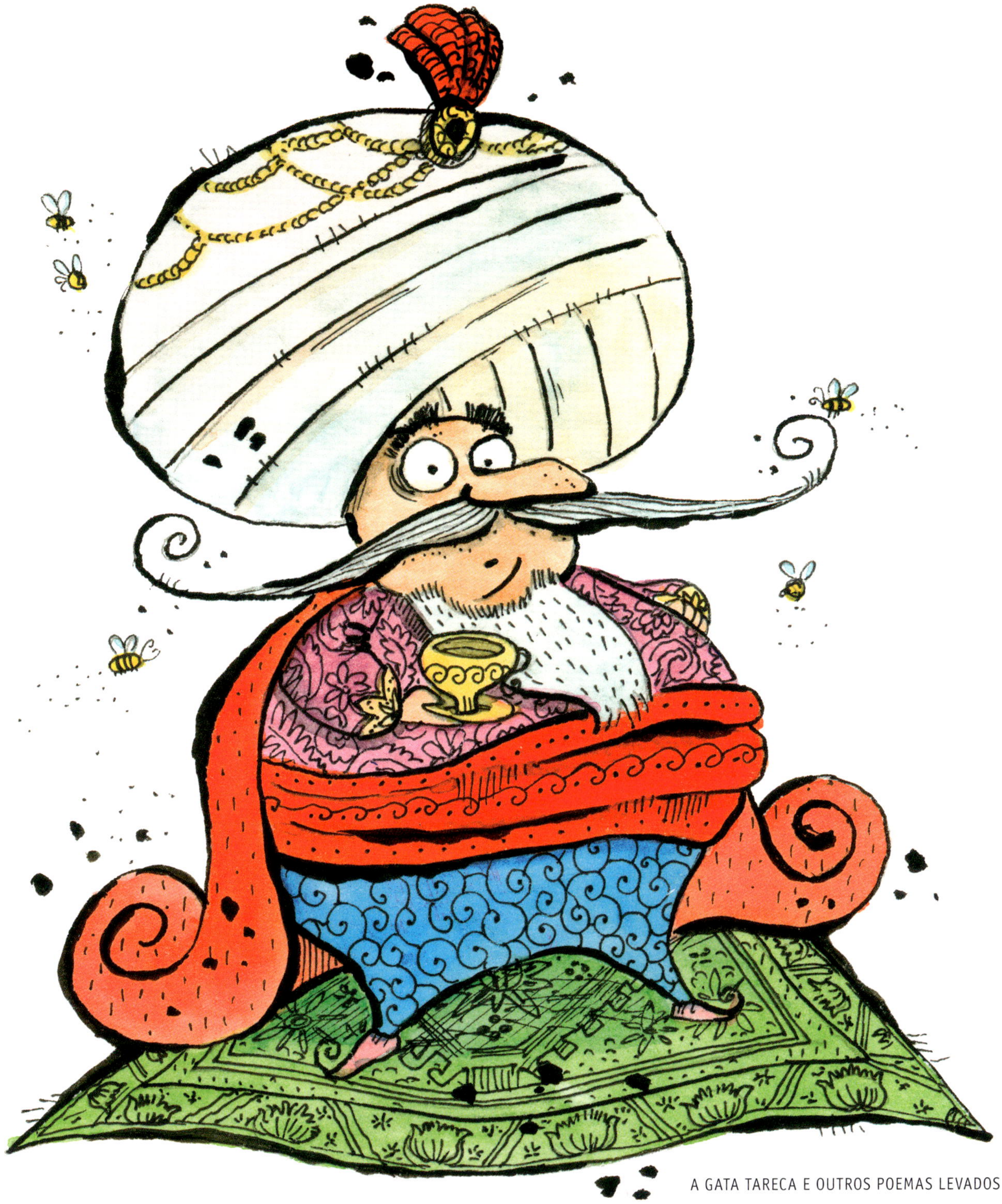

Poema em IZ

Na vila de Avis,
junto ao chafariz,
vivia feliz
o doutor Moniz
que, sendo juiz,
caçava perdiz.
Num dia infeliz,
uma perdiz
picou-lhe o nariz,
deixou cicatriz.

O doutor Moniz
partiu para Paris,
tratou do nariz
com licor de anis.

E voltou feliz
à vila de Avis,
junto ao chafariz,
casou com a atriz
Dona Beatriz
e teve um petiz
chamado Luís.

Segundo ele diz,
não, não, não condiz
com doutor juiz
caçar mais perdiz.